TÚ DIBUJAS

tú dibujas

Manuel Gallego Arroyo

MAHALTA
EDICIONES

COLECCIÓN
ADIVINOS

© Mahalta Ediciones
www.mahalta.es

Colección Adivinos n.º 31
Primera edición: marzo 2026

ISBN: 979-13-990232-9-9
Depósito Legal: CR 166-2026

Impreso en España

Mahalta Ediciones es un sello editorial de Añil Desarrollo Gráfico, S. L.
www.anil.es

A Miguel

Cuando el goce se prolonga más allá de la acción, después de hecha la raya en el papel, ya puede afirmarse que el niño dibuja. (...) en el dibujo infantil hay algo eterno, permanente, BIOLÓGICO.

ÁNGEL FERRANT
Resplandor y proyección de los dibujos infantiles

en la oscuridad todo se ve más claro

me robaste un poema
    una idea

me robaste un poemario
    y todas las ideas

me desvestiste todo
y te ceñiste a mí
sobre la poesía
que yo quería ser

sobre la piel
que me hizo crisálida

me emborronaste el sentido
con hiel y línea
color y muerte

te fuiste dando así
sin el pecado en mi pecado
    a trazos
        a borbotones
            a manchas y líneas puras
sobrescribiéndote
en mí
    desde mí
        para mí

en mi oscuridad ilícita
yo rapto ahora tu milagro

muerdo en tu inocencia
y derramo todos estos versos

Y sin quererlo, hijo mío,
hecha la raya, nos hemos hilvanado

voy siendo más yo en ti

tú en mi poesía
yo en tus dibujos

el poema en ti

y somos música
gestos
   voces
     colores
palabras y formas

mixtura extraña de inocencia
y de cultura

Lo que quisimos y no podemos ser: tú cultura, yo inocencia.
Y el instrumento, el instrumento: unos dibujos y un poema

qué extraña y qué hermosa
tu definición del amor

como hilos de Ariadna
que regresan

como ovillos de vida
que circunnavegasen

qué hermoso tu amor
disfrazado de caos

apretado contra la materia
en de sí del corazón
  pálpito
    y deseo
      incontinencia

besos desordenados
sobre la frente hambrienta

caricia imposible
en la separación
y en el espacio

como hilos de Ariadna
que regresan

como ovillos de vida
que circunnavegasen

la levedad de la palabra amor
a pesar del diccionario
y de la historia

Laberinto el mundo,
ahora me unces a su hebra con un lápiz

es verdad
la vida es un viaje por la doblez
por un espejo

la vida consiente
en ser reflejo

tu eres lago terso
negro estanque mío
necesidad en que mirarme

yo después de mil zozobras
el abismo en que disuelvo
la sedienta cierva de la duda

dibujaste la muerte en que me abismo
flor de punto rojo
y corola turbulenta

en su fondo oscuro
allí donde liban los futuros
tú serás mi ser desatado
y el camino que nunca inicié

Vengo a ti a calmar mi sed,
que no sé si es sed de vida o resaca de muerte

al igual que tú
yo fluiré incontinente
persiguiendo tus premisas

sin azogues ni reflejos

mano y corazón
serán un mismo impulso

deseo y voz
un mismo trazo

ni puntos
  ni comas
    ni signo

la especulación
es el chorro de tu voz
    libre
en la pureza de las formas

Destierra todas las pausas, sus signos,
que no los hay capaces de representar la libertad

                                               lejos
el paraíso espera como una nebulosa
que empezase a latir

nunca tuve voluntad de amar

pero materia
gravedad y abismo
me reconcilian
con lo que haya de venir

no me nombres
y llévame sin más y sin palabras
allá donde la línea hilvana

como el fanal
quemaste las alas de mi vida

sacrificio del niño
que he venido a ser de nuevo

ascenderá nuestra humareda
hasta la nebulosa de sombra
   luz
      y latido
como hermoso incienso

La llama te hace un dios translúcido.
Yo seré tu sombra

apenas tres años
y llevas sobre ti todo el éxodo

el desierto y el camino
guían tu mirada
y andas entusiasmado
forjando rostros
comisuras
huecos continentes

trazas el improbable
el edén perdido

trazas las trazas de los primeros sentimientos
la pérdida de la inocencia en la inocencia
la ignorancia de todas las herencias

y en tanto huyes de ti
vas siendo más tú
más yo mismo.

En cuantas cosas descubre tu sonrisa,
están ya todos los pecados redimidos

angustia de la noche en vela

vigilia
surcada de negrura espesa

canto del mirlo
cuando los mirlos no cantan

el llanto
sabe a lápiz y aurora

una voz quiere ser
nombrar acaso
las estrellas sin perder la luz

y el ser
quiere ser bruma
y costurón de los celajes

y yo quiero ser
y desdibujo tus consuelos
queriendo en tu querer
el grito y el trazo

ese que tal vez no eres tú
sino nosotros disfrazados de amanecer
                                    y de noche

he aquí tus colores

tú dibuja en la oscuridad
que todo se verá más claro

Eres el trazo,
la señal que salva las pausas de la noche, de la fiebre
y del insomnio

... Un punto es lo que no tiene partes... los extremos de una línea son puntos... una línea es una longitud sin anchura... Una superficie es lo que solo tiene longitud y anchura... Una superficie plana es aquella que yace por igual respecto de las líneas que están en ella...

EUCLIDES
Elementos

en todo cuanto te dejaste sin hacer

en el blanco reposa tu candidez
                    aún no escrita

en luz y en poema
en todo cuanto te dejaste sin hacer
en la forma de la pureza
en el frío de la vida sin velados

estás manando en esta mancha
                    de alba
con ella describes la existencia
tiritera
    temblor
      y lloro

porque la vida titila sobre la nada

Todo es vacío.
Sólo tú puedes manchar la pureza

tráeme con qué arroparme

en tu blancor doy cobijo
a toda mi oscuridad

enceguecido murmullo en ti
pierdo mis horizontes y las promesas
entierro las culturas y la experiencia

me desnudo hasta ser folio
o auroral principio

traza líneas
gestos tuyos
con que arroparme

Escribe sobre mí, reposadamente,
como si fuese vacía superficie y alba

en todo cuanto te dejaste sin hacer
estás

en los colores innombrables
en el margen irredento
en las partículas sumisas
y las rebeldes

en los elementos

estás
en cuanto te dejaste sin hacer

en la curva
en lo que no es teoría
ni saber

en el momento
o el tiempo sin distancia
en el hueco

Contemplo los intersticios, vanos, virginidades...
Y no sé cómo hacerlos verso

blanco conciso y blanco germinal
con el barro de los sueños
modelo en tu aurora

en tus apenas días
busco líricas
escarbo palabras
y otros amaneceres

son mi mañana

pero algo gime aquí dentro
desde la tumba enjalbegada

diría que es la voz
pero resuena en el vacío

Te robé una superficie blanca
y la embarré con mi poesía

que llegará al fin la luz a los míos
cuando la sombra de tus dedos
cierre mis párpados

entre caricias de metal
naufragaré en la mar incógnita
con esos ojos sin lumbre
traduciendo a sentido tu libertad
sólo con mi tacto

que no
que no los abro

sólo quedarás tú
    luminaria mía
fanal y fuego
    raya y línea

llama viva siempre
    y sendero por el que transitar

Dijiste: «cierra ya los ojos».
Ahora sé que no quise abrirlos

                                    lo desean
quieren ser el viento en los prados
en los rostros
sus cabellos

dorar sus labios
con el fruto de las Hespérides

y en las frentes de toda esperanza
vestir diademas de yedra

no se conforman con ser línea

quieren ser valle fértil
el óvalo perfecto de una virgen
un himen imperturbable
y dar piel y pulpa

quieren guardarse la inocencia
para siempre
en las curvas de la memoria

y abren un ojo al pasado
y escarban en las toperas
en busca del tesoro de la aurora
                                    lo saben
con labios de oro
canta también la muerte

¿Por qué pintas edenes, paraísos, lugares amenos
si yo no puedo verlos y los confundo con utopías y sueños?

tú me enseñas

la ceniza es un cuerpo que amó
el espíritu un salto cuántico

el vacío es el fuego
que todo quemó

la vida una raya
que separó las cosas y el alma

la llama nace de un trazo
impreciso

el aliento nace de la posibilidad
de incertidumbre

tú dibujas

Todas las ciencias y toda la sabiduría
están aquí, apenas contenidas en tus sinsentidos

*... los pueblos que inventan escrituras
pictográficas confunden la pintura y
la escritura...*

JORGE ELLIOT
Entre el ver y el pensar

en el gesto de tu mano te escribiste

albergue casi de las rimas
estás aún por escribir

ni las palabras han cuajado
en tus labios

y ya dibujas
    tú dibujas

un suspiro que tiembla
en el horizonte

la sonrisa desnuda
oculta entre las sombras

eres virginal hierofanía
en la prolongación de un grafito

el gozo

un anunciar
que algún día habrá
de ojos como océanos
de manos como brisas

No son pintura, no, ni son letra. Ni raya, ni punto, ni signo:
es la lengua de la humanidad venida, el Evangelio

se olvidó la mano
en el pretérito indefinido

se olvidó
como se olvidan los monumentos

quedó en su línea
  en su ruina
    en el precipicio
no siendo ya sustento ni tacto

se olvidó

huella
  relieve
    ausencia
llamarada de inocencia
por donde pasaste

se olvidó en tu mano
en donde redimiste
el primer pecado
la primera inconsistencia

y quedan los dedos acerados
inmóviles como cuchillos
en el tiempo olvidado

Es la mano que dibuja
la misma que tomó la fruta de aquel árbol

yo olvido sin embargo
la letra en la palabra

escribo

abandono la palabra
en el océano

leo

y sumerjo la cultura
en el orgullo

me ahogo en la desesperación
de la soberbia

y olvido la leche
con que quiero amamantarte
y que a mí me amamantó

entonces vuelvo
y te encuentro
  emerjo
    resucito

te tomo de la mano
y guío tus desgracias futuras

En mi esperanza, planto versos para ti,
¿qué frutos podrán darte que no hayas ya saboreado?

deja tu mano
blancor de biografía

en desafío
te escurres por el papel
en que escribiste también
mis miedos

vitela translúcida

al otro lado tú
más cerca del albor

menos hombre
   menos carne
      más ángel

palpabas el mundo

persistías empapado en la luz
de todas las esencias

ni siquiera había cosas
es decir
            secretos

Tú dibujas tu vida.
Yo versifico todas mis muertes

y tocas con tus dedos lo incorruptible
poniendo envidia en Platón

ingrávido sobre los abismos
de hoy
   mañana
      ayer
siempre y nunca

más eterno y menos mundano
siendo materia
que hace materia

algo me diste de esa inmortalidad

Generas, creas, construyes, realizas
en tanto leo e imito a los clásicos

una rúbrica apenas somos
una firma
  una posdata

apenas un garabato
teñido de tiempo
que tiembla
sobre el espacio *ad hoc*

pero tú flirteas en el papel
me conduces por un azar ensayado
a una memoria que apresó tu gesto

reclamo así mi derecho a ser eterno
mientras vibra la línea tiñéndose de vida

ejercicio de supervivencia
ante mis ojos
que en un momento
redondea el origen
y consolida la consolación definitiva

es la firma
lo primero que aprende el hombre

Te das, te das a ti como tú mismo, en pura biografía.
Yo, al menos, he aprendido a dejar un gesto

todo en ti
es nacimiento

toma forma *ex nihilo*
alumbrándose en la línea

vela henchida
en el impulso
de tu hálito venido

Por eso se olvidan los viejos dibujos de la infancia.
Sería insufrible su sinsentido

yo confieso

en ti
nada más quise ser un dios

jugaba a las parábolas de sembradores
de superhéroes

y cubrí con tu fulgor
la vaciedad de mi luz

tu gesto
no sólo dibujaba

me escribía

hube miedos
en ti
y la mayor esperanza
fue mi mayor miedo

Yo confieso:
tú hiciste los poemas que yo traicioné

La aurora, pues, es guía, también porque es raíz, flor, árbol, alma del sentir originario...
Sólo cuando la mirada se abre al par de lo visible se hace una aurora...
La aurora y antes el alba anuncian algo que débilmente se insinúa, indeleblemente también: lo intacto. Anuncio no de lo que sigue, el imperio del Sol, sino de la claridad.

MARÍA ZAMBRANO
De la Aurora

en la obstinación de la aurora

en la obstinación de la aurora
dibujas
alambres para mirlos

sostenidos bemoles en el cielo
para negras corcheas

aunque ni sospeches
la existencia del pasado

no hay notas ya
sostenidas
en las antenas de televisión

la vida se mece
en las azoteas preñadas
de soledades
modernidad y angustia

¿cómo decirte
    que tengo miedo de tu mañana?

Sobre la ciudad ya no hay auroras,
la salva nada más la hoja en blanco en la que tú dibujas

de la muerte nada más temo
que sea capaz de separarnos
para siempre

tú dibuja
y abre trazos como heridas

a este lado
sombra que me asfixia
aún te tengo
y aún te acuno

tú levanta auroras
que yo respiraré la claridad en sus texturas

sobre el color reverberante
sabré fondear mi nave
y adivinaré un horizonte
tras la raya

tú marca
  signa
    conduce
      vivifica
que yo te leo

Ay la patencia de los signos:
lo arcano de su latencia

(A un poema de *El fulgor*, XXIII)

leía yo a Valente
y tu invertías los arcanos
en la página del libro

el pájaro es gato
vuela de su finita
inquietud
al agua
se hace libre

cuerpo libre con su libertad
salta
y aparece bajo la aurora

lamías el agua con el lápiz
miniabas los abstractos
dabas pájaro por gato
garabateabas el amanecer

traducía yo
tu hermenéutica intrincada

Toda sabiduría
es más sabia con sus inversiones

una palabra
de cal y mortero
balbucida en tus labios

es promesa muerta
de alguna evocación

qué extraño placer
el que no sepas escribirla

Efímero es solo lo que queda hecho,
sea invisible o puro gesto: más eterno

la muerte no existe
no puede existir

al menos no existe con la carita de plata
y con sus pies de seda

y la muerte está en ti
tus dedos me lo dicen jugando

yo te la di en el folio auroral
en la prolongación de mi materia
que tu ensucias y emborronas

el pez de tu hambre
devora los vacíos
que ahora son huevas
en mi universo

cómo amo tu carne
desde la nada

cómo quisiera ser el júbilo
del más allá inalcanzable
que tú delineas

eso sí
retengo una esperanza
cuando pongo a tus pinturas
mis versos

*Escarbas en mi aurora, me transformas, me haces
en cada línea, en cada punto, en cada mancha*

eres barro

tomada forma
fluyes

me regalas el borde
de tu pupila ígnea

pétrea ceniza
al fin me olvidas
en el negro grafito remontando

bordeas auroras
pones fronteras
constituyes
solidificas
encarcelas colores
  flores
    mariposas
      un corazón

con la negra tizne de la cultura

¿Y quiero yo poner las alas de tus dedos
en la negra tizne de mis versos?

tú dibujas
en tanto yo hago por vivir

creas seres inciertos
fantasías de columbario
haces de heresiarcas
manojos de raíces húmedas

yo desde la ortodoxia
me voy dejando las certezas
en las líneas

busco flores y frutos
dando muerte
desandando los métodos
significados y símbolos

no hay más

es que tú escribes con la vida
anuncias

Tú procuras los haces de la siega.
Yo parto de las fórmulas y las proporciones

Pintura y poesía tienen el mismo fin:
frescura límpida, arte más allá del arte.
[...]
¿Pensamientos-líneas, manchas-espíritus?
¡Quién hubiera pensado que un puntito rojo
provocaría el estallido de una primavera!

OCTAVIO PAZ
Versiones y diversiones

en ti el hombre del niño que seré

                              me has convocado
frente al tótem

ante el monolito de papel
fertilizabas los huevos del pasado
con el esperma de todos los tiempos

eras el único hombre de la historia
al desafiar en mi horizonte
el menhir incólume
de varón y fruto

Sin querer, levantaste el símbolo sobre la aurora:
hierofanía del linaje

te quiero verde

en el día de antes
del rocío perenne sobre los prados

verde
en el trazo trémulo de la hierba
sobre los campos de tu piel

entre la hojarasca fresca
de tu dicha

en ese verdor impregnado
de tus dedos
generando mundos
evasivos paraísos

verde
de rúbricas vírgenes
sin un fin preciso

constatación definitiva
de que todo lo nacido
es inmortal poesía

*Todo cuanto dibujas desde la pureza, viene al mundo
y ya es luz y es sombra*

en su forma
animal de fondo

qué inocente la línea
después del gesto

nunca hubo idea en la inocencia

el contenido fue siempre
mera excusa
del animal sin fondo

Tus ojos siguen viendo en el lumen un virginal perfil.
Los demás hacemos hermenéutica

mis palabras
un lago
un estanque en el espejo
un afán de realidad

las cosas
venían a su dulzor
y zumbaban

se dejaban atrapar
en su turbia sed

vas liberando tú por contra
los colores

danzando
sobre las inagotables existencias

abrevando
en los universos sin reflejos

ahora me demuestras
que todo es dios
y la palabra
   hágase
una hermosa pintura

Acaso te sentiste solo y creaste.
Hay quien cree crear porque se sabe acompañado

el desvelo de estos caracoles
persigue la eternidad

se envuelve y se enrosca
sin fin y sin comienzo

como la voz
cuando rompe por las costuras
viniendo
desde no se sabe bien dónde

pretensiones de fluido
o incontinencia capturada
tu espiral y mi poema
ut pictura poesis

qué afán el de la verdad
por perpetuarse en el placer

tu gesto y mi voz
despertando
de las pesadillas de Lessing

A tu espiral de inocencia
agregué la culpabilidad de mis rimas

te muestras
en la superficie más pura
y desnudas la fragua de mi lengua
artesana de forja y yunque

la vida viene a tus manos
sin necesidad de fuego
y se escurre por el trazo y el aire

por la línea
reposa en el punto

por el color
en el latido

la vida
que se desviste en el blanco

en todo lo que no hiciste
y ya nunca será

dejas toda metalurgia
tiritando
en el albor de tu pleno vacío

mostrando hasta qué extremo
es subsecuente la palabra

Hefesto, martilleo una y otra vez la palabra,
acrisolo, fundo, forjo, moldeo, pulo, doro...

se pudrirá tu mano
en la firma inviolable

en lo efímero
de tu ausencia

pasarás
carne mía
en los eclipses sin curso
de las rectas perseverantes
de los puntos suspensivos
e indelebles

en el gesto
de esa candidez borracha
de pureza
permanecerás para siempre

y serás mi geometría
mi ejemplo
y mi método

pues también
se pudrirá mi lengua

Escrito está:
sólo se pudre lo puro

en el grumo espeso
de todas las sangres
desde que el hombre es raza

escrito sin palabras
en los tálamos de barro
en los inciertos espejos
de las cavernas

en la sombra vibrante
y entre el humo

sobre el animal y el yugo

todo está aquí ya reposando
en el laberinto de tus *tectiformes*

«toma la vida entera
    la evolución
        la humanidad»
me dices con tus ojos
alargándome este cuaderno

Tu lejanía, tu ser todos los hombres,
me llena de esperanza

en el epílogo contrahecho

te confieso
que la vida me da miedo

temo el imperio
que ella puso en tus manos

la creación
y un tesoro de universos
ocultos bajo el celemín

los paraísos intratables

temo
porque me desnudó de servidumbres

y me hallo indefenso
descerrajado e impotente
al albur de la torcedura

la vida
que yo me había guardado
junto al abecedario

el miedo que yo escondía
bajo el trebejo
en la seguridad de los escaques
era amor
y quemaba mis pétalos

ahora
tengo miedo de la eternidad
y de todas sus tristezas

y contemplo tus dibujos
con la esperanza
de que un día
me guarden de toda tribulación

en el índice reflejado

en la oscuridad todo se ve más claro 7
me robaste un poema 9
voy siendo más yo en ti 11
qué extraña y qué hermosa 12
es verdad 14
al igual que tú 15
lejos 16
apenas tres años 17
angustia de la noche en vela 18

en todo cuanto te dejaste sin hacer 21
en el blanco reposa tu candidez 23
tráeme con qué arroparme 24
en todo cuanto te dejaste sin hacer 25
blanco conciso y blanco germinal 26
que llegará al fin la luz a los míos 27
lo desean 28
tú me enseñas 29

en el gesto de tu mano te escribiste 31
albergue casi de las rimas 33
se olvidó la mano 34
yo olvido sin embargo 35
deja tu mano 36
y tocas con tus dedos lo incorruptible 37
una rúbrica apenas somos 38
todo en ti 39
yo confieso 40

en la obstinación de la aurora   41

en la obstinación de la aurora 43

de la muerte nada más temo 44

leía yo a Valente 45

una palabra 46

la muerte no existe 47

eres barro 48

tú dibujas 49

en ti el hombre del niño que seré   51

me has convocado 53

te quiero verde 54

en su forma 55

mis palabras 56

el develo de estos caracoles 57

te muestras 58

se pudrirá tu mano 59

en el grumo espeso 60

en el epílogo contrahecho   61

te confieso 63

Esta edición quedó dispuesta para la tinta
en marzo de 2026,
la luz ansiaba ser un trazo